I LOVE TO SHARE

من تقسیم کردن رو دوست دارم

Shelley Admont

Illustrated by Sonal Goyal and Sumit Sakhuja

Second edition, 2018
Translated from English by Sahar Niknam
برگردان از انگلیسی: سحر نیکنام
Farsi editing by Sonia Razmjuee

Library and Archives Canada Cataloguing in Publication Data
I Love to Share (Farsi Bilingual Edition)/ Shelley Admont
ISBN: 978-1-5259-0922-1 paperback
ISBN: 978-1-5259-0924-5 hardcover
ISBN: 978-1-5259-0921-4 eBook

Please note that the Farsi and English versions of the story have been written to be as close as possible. However, in some cases they differ in order to accommodate nuances and fluidity of each language.

Although the author and the publisher have made every effort to ensure the accuracy and completeness of information contained in this book, we assume no responsibility for errors, inaccuracies, omission, inconsistency, or consequences from such information.

For those I love the most

برای عزیزترین‌هایم

"Look at how many new toys I have," said Jimmy the little bunny, looking around the room.

جیمی، خرگوش کوچولو، به دور و بر اتاق نگاهی کرد و گفت: «ببینید چقدر اسباب‌بازی تازه دارم!»

His birthday party was over and the room was full of presents.

جشن تولد جیمی تمام شده بود و حالا اتاقش پر از هدایا بود.

"Oh, your birthday party was so fun, Jimmy," his middle brother said.

برادر وسطی گفت: «وای، جیمی، چقدر توی جشن تولدت خوش گذشت.»

"Let's play," said his oldest brother. He took the largest box. "There's a huge train inside!"

برادر بزرگه گفت: «حالا بیایید بازی کنیم.» بعد بزرگ‌ترین کادو را برداشت و گفت: «توی این یه قطار گنده است!»

J

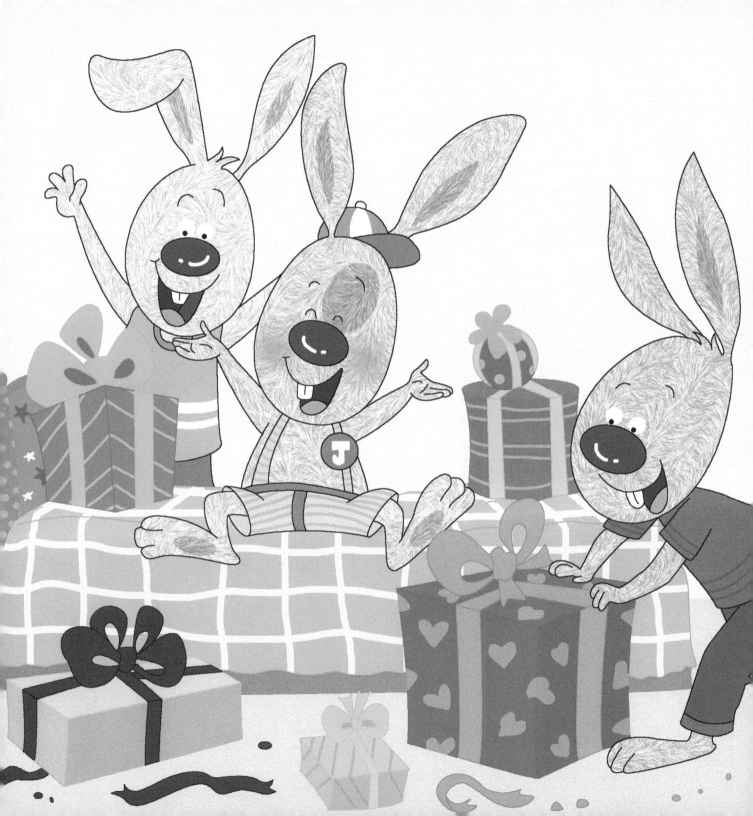

Suddenly, Jimmy jumped to his feet and grabbed the box. "Don't touch it! It's my train!" he cried. "All these presents are **MINE!**"

ناگهان جیمی از جا پرید و هدیه را از دست برادرش قاپید و داد زد:

«دست نزن! این قطار منه! همه این کادوها مال **منه**!»

"But, Jimmy," said the oldest brother, "we always play together. What happened to you today?"

برادر بزرگ گفت: «اما، جیمی، ما که همیشه با هم بازی می‌کردیم. تو امروز چت شده؟»

"Today is MY birthday. And these are MY toys," Jimmy screamed.

جیمی فریاد کشید: «امروز تولد **منه**، و اینا اسباب‌بازی‌های **من** هستن.»

"We better go play basketball," said the oldest brother. He glanced out the window. "It's nice and sunny today."

برادر بزرگ گفت: «ما بهتره بریم بسکتبال بازی کنیم.» بعد از پنجره نگاهی به بیرون انداخت و ادامه داد: «امروز هوا خوب و آفتابیه.»

The two bunny brothers took a ball and went outside. Jimmy stayed in the room on his own.

دو برادر خرگوش یک توپ برداشتند و از خانه بیرون رفتند. جیمی توی اتاقش تنها ماند.

"Yeah!" he exclaimed. "Now all the toys are for me! I can do whatever I want!"

او با هیجان گفت: «آره! حالا همه اسباب‌بازی‌ها مال خودم هستن! می‌تونم هر کاری که دلم می‌خواد بکنم!»

He took a large box and opened it happily. Inside he found a rail trail and a new colorful train. He just needed to put the rail trail together.

بعد یک هدیه بزرگ را برداشت و با خوشحالی آن را باز کرد. داخل جعبه چند قطعه ریل و یک قطار نوی رنگارنگ بود. حالا فقط لازم بود که ریل‌ها را سر هم کند.

"Oh, these pieces are too small!" he said, holding the rail trail parts. "How should I connect them together?"

جیمی تکه‌های ریل را در دستش گرفت و گفت: «اوه، اینا خیلی کوچیکن! چطور باید به هم وصلشون کنم؟»

Somehow he built the rail line, but it came out crooked. When he finally turned on his new colorful train, it got stuck on the track.

سرانجام جیمی به هر شکلی که بود، قطعات ریل را به هم وصل کرد، اما مسیر کج و معوج از کار درآمد. و وقتی که بالاخره قطار رنگارنگ و تازه اش را روی ریل به راه انداخت، قطار توی مسیر گیر کرد و ایستاد.

Jimmy looked around and spotted another box.

جیمی نگاهی به اطراف انداخت و بسته‌ی دیگری توجهش را به خود جلب کرد.

J

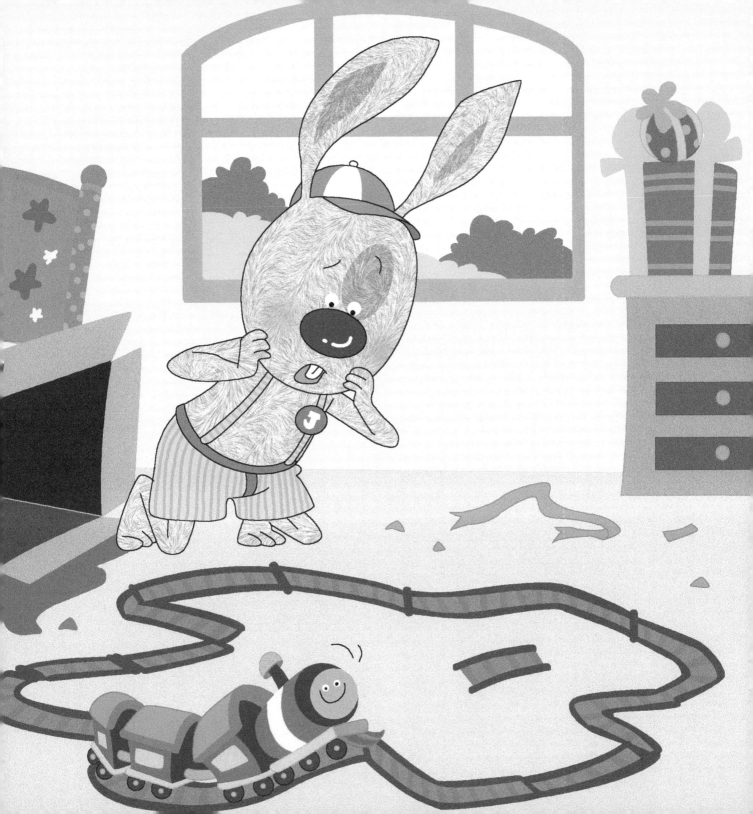

"No worries. I have more new toys," he said and took another present. Inside there were superhero toys.

جیمی گفت: «عیبی نداره، هنوز کلی اسباب‌بازی جدید دیگه دارم.» این را گفت و هدیه دیگری را برداشت. داخل بسته آدمک چند ابرقهرمان بود.

"Wow!" exclaimed Jimmy. He started to run around the room with new superhero toys in his hands.

جیمی با هیجان گفت: «واای، اینا رو!» بعد آدمک‌ها را گرفت و شروع کرد به دویدن به دور اتاق.

Soon he became tired and bored. He tried everything. He played with his favorite teddy bear and he opened more presents, but it was not fun at all.

خیلی نگذشت که خسته شد و حوصله‌اش سر رفت. همه چیز را امتحان کرده بود. با تدی خرس محبوبش بازی کرده بود و هدیه‌های بیشتری را هم باز کرده بود، اما اصلا به او خوش نمیگذشت.

J

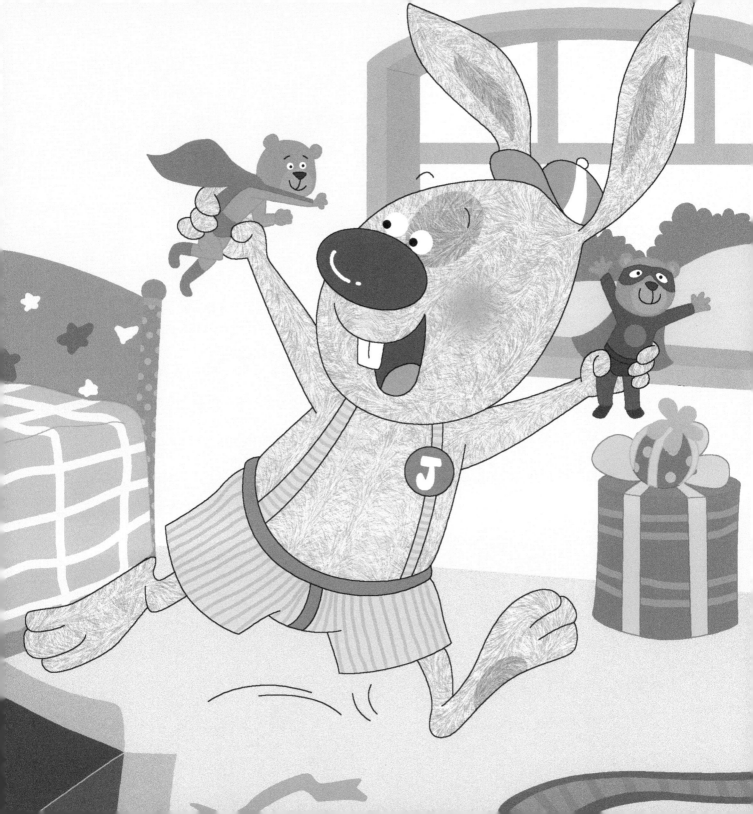

Jimmy watched through the window and saw his brothers playing cheerfully with their basketball. The sun was shining brightly, and they were laughing and enjoying themselves.

جیمی از پنجره به بیرون نگاه کرد و برادرانش را دید که با خوشحالی بسکتبال بازی می‌کردند. خورشید به روشنی در آسمان می‌درخشید و آنها می‌خندیدند و تفریح می‌کردند.

"How are they having so much fun? They only have one basketball!" said Jimmy. "All the other toys are here with me."

جیمی گفت: «چرا اونا دارن اینقدر تفریح می‌کنن؟ اونا که فقط یه توپ بسکتبال دارن! اما همه اسباب‌بازی‌های دیگه اینجا پیش منه.»

Then he heard a strange voice.

ناگهان صدای عجیبی شنید.

"They SHARE," it said.

صدا گفت: «اونا تقسیم می‌کنن.»

Jimmy looked around the room, staring at his bed where his teddy bear sat. The voice came from *there*. "What?" he whispered.

جیمی دور و برش را نگاه کرد و بعد به تختش خیره شد، جایی که تدی خرسه نشسته بود. صدا از آنجا می‌آمد. جیمی یواش پرسید: «چی؟»

"They share," repeated his teddy bear with a smile.

تدی خرسه با لبخند تکرار کرد: «اونا تقسیم می‌کنن.»

Jimmy looked at him amazed. He never thought that sharing could be fun.

جیمی با تعجب به او نگاه کرد. جیمی هیچ‌وقت فکر نمی‌کرد که تقسیم کردن بتواند کسی را خوشحال کند.

He shook his head. "No...I don't like to share. I love my toys."

اما بعد سرش را در مخالفت تکان داد و گفت: «نه... من نمی‌خوام تقسیم کنم. من اسباب‌بازی‌هام رو دوست دارم.»

"Try it," insisted his teddy bear. "Just try it."

تدی خرسه اصرار کرد: «امتحان کن... فقط یه بار امتحان کن.»

Meanwhile the weather changed. Dark clouds covered the sky and large raindrops started falling to the ground.

در همین هنگام، هوا ناگهان عوض شد. ابرهای تیره آسمان را پوشاندند و قطرات درشت باران شروع به ریختن بر زمین کردند.

Laughing, the two bunny brothers ran into the house.

برادرها در حالی که می‌خندیدند به داخل خانه دویدند.

"Oh, you're all wet," said Mom. "Go change your clothes and I'll make you hot chocolate."

مامان گفت: «وای، خیس خالی شدید. برید لباس‌هاتون رو عوض کنید تا من براتون شکلات داغ درست کنم.»

"Come, Jimmy, do you want hot chocolate too?"
she asked. Jimmy nodded.

مامان پرسید: «بیا جیمی، تو هم شکلات داغ می‌خوای؟» جیمی به
نشانه موافقت سر تکان داد.

Mom opened the fridge to grab the milk. "Look,
there's a small piece of your birthday cake left."

مامان در یخچال را باز کرد تا ظرف شیر را بردارد. «نگاه کن، هنوز
یه تیکه کوچیک از کیک تولدت باقی مونده.»

Jimmy jumped to his feet. "Yeah, can I have it? It
was so tasty!"

جیمی روی پنجه پا پرید و گفت: «می‌شه الان بخورمش؟ آخه خیلی
خوشمزه بود!»

At that moment, his brothers entered the kitchen.

در همان لحظه برادران جیمی وارد آشپزخانه شدند.

"Did you say cake?" asked the middle brother.

برادر وسطی پرسید: «کسی گفت کیک؟»

"I'd like a piece," added the oldest brother.

برادر بزرگ هم ادامه داد: «منم یه تیکه می‌خوام.»

Their father followed them. "Is this a...birthday cake?"

پدر هم به دنبال آن‌ها وارد شد و گفت: «اون کیک تولده؟»

Mom smiled softly. "Ahh...there is actually a tiny little piece left. And there are five of us."

مامان لبخندی زد و گفت: «آخ... راستش فقط یک تیکه کوچولو مونده. ولی ما پنج نفریم.»

Jimmy looked at his loving family and felt a warm feeling spread from his heart. He knew what he needed to do and it felt so good.

جیمی نگاهی به اعضای خانواده دوست‌داشتنی‌اش انداخت و احساس کرد گرمایی از درون قلبش در سرتاسر بدنش پخش شد. او به خوبی می‌دانست که چه باید بکند و احساس خوبی هم در مورد آن داشت.

"We can share," he said. "Let's cut it into five pieces."

جیمی گفت: «تقسیم می‌کنیم. بیایید به پنج قسمت تقسیمش کنیم.»

All the members of the bunny family nodded their heads. Then they sat around the table and everyone enjoyed a piece of birthday cake and a hot chocolate.

همه اعضای خانواده با موافقت سر تکان دادند. بعد دور میز نشستند و همه از خوردن یک تکه کیک تولد و شکلات داغ لذت بردند.

J

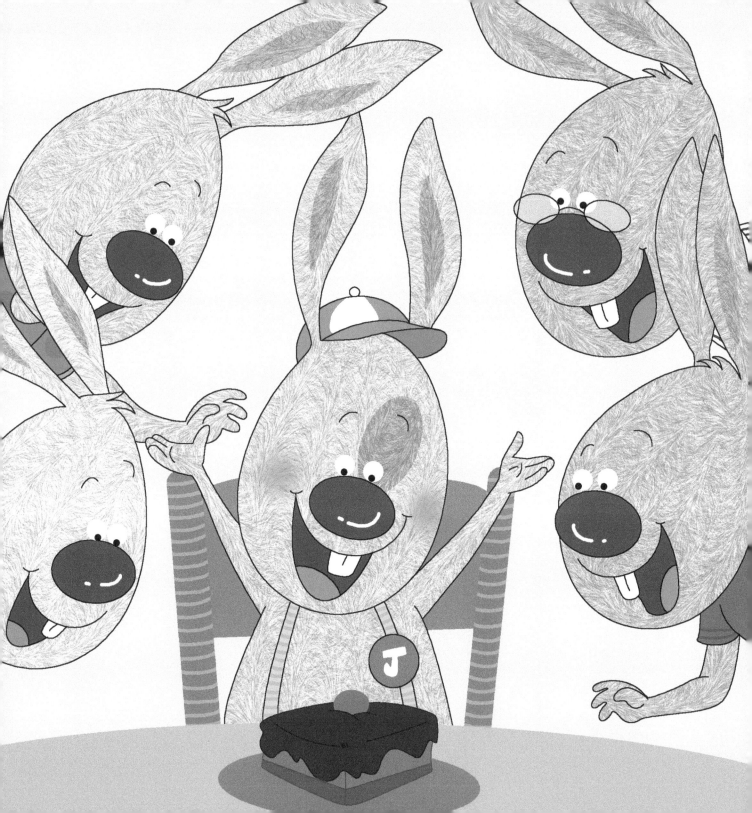

Jimmy glanced at their smiling faces and thought, *Sharing can actually feel very nice after all.*

جیمی به چهره خندان اعضای خانواده‌اش نگاه کرد و با خودش فکر کرد: انگار واقعا تقسیم کردن احساس خوبی دارد.

When they finished, Mom came to Jimmy and gave him a huge hug. "Happy birthday, honey," she said.

وقتی کیک و نوشیدنی‌هایشان را خوردند، مامان به سمت جیمی آمد، او را محکم بغل کرد و گفت: «تولدت مبارک، عزیزم.»

The two older brothers and their dad gathered around them and shared the family hug.

برادرهای بزرگ‌تر و بابا هم دور آن‌ها جمع شدند و آغوش‌هایشان را در یک بغل بزرگ خانوادگی با هم تقسیم کردند.

"Happy birthday, Jimmy," they screamed together.

و بعد همه با هم داد زدند: «تولدت مبارک، جیمی»

Jimmy smiled. "Do you want to play with my toys?" he asked his brothers. "I have a new train and new superheroes."

جیمی لبخند زد و از برادرهایش پرسید: «دوست دارید با اسباب‌بازی‌های من بازی کنید؟ من یه قطار جدید و ابرقهرمان‌های تازه دارم.»

"Yeah! Let's play!" shouted the bunny brothers.

برادرها فریاد زدند: «آره! بریم بازی کنیم!»

Together Jimmy and his brothers built a perfect rail trail. The train whistled and ran fast around the track.

جیمی و برادرهایش با همدیگر یک مسیر ریل کامل و عالی ساختند. قطار سوتی کشید و با سرعت شروع به چرخیدن به دور مسیر کرد.

Then they opened the rest of the presents and played with all their toys.

بعد بقیه هدیه‌ها را هم باز کردند و با تمام اسباب‌بازی‌هایشان بازی کردند.

From then on, Jimmy loved to share. He even said that sharing is fun!

از آن روز به بعد دیگر جیمی تقسیم کردن را دوست داشت. او حتی می‌گفت تقسیم کردن، تفریح کردن است.